PENG!!!
PENG!!!

PENG
PENG!!!
PENG!!!

...Geschwister sein dagegen sehr!

by SCHULZ

Aus dem Amerikanischen übertragen von Manfred Miethe

Bist du sicher, dass wir miteinander verwandt sind?

Bist du sicher, dass wir miteinander verwandt sind?

DU BIST IMMER NOCH IN DERSELBEN STRASSE!

Bist du sicher, dass wir miteinander verwandt sind?

WIESO HAST DU DIE GANZE DUMMHEIT GEERBT?

Als Boss geboren

STEH AUF!
DU LIEGST IN MEINEM SITZ-SACK
ES IST NICHT DEINER UND ICH WAR ZUERST DA...
TREFFEN WIR EINE VEREINBARUNG...
EINE WAS?
DU KANNST IHN AB UND ZU HABEN...
...UND ICH MEISTENS!

GROSSE SCHWESTERN SIND IMMER IM DIENST!

HAU AB! ICH VERSUCHE, BRAUN ZU WERDEN...
ICH STÖR DICH DOCH NICHT

DU BRAUCHST DIE GANZE SONNE AUF!

ACHTUNG! SIEHST DU DIESE MALBÜCHER?
ICH HAB KEINE ZEIT, ALLE BILDER SELBST AUSZUMALEN, KAPIERT?
ICH WILL, DASS DU ÜBERALL DEN HIMMEL BLAU ANMALST. DANN BRAUCH ICH DAS NICHT ZU MACHEN

DAS WOLLTE ICH
IMMER SCHON SEIN:
MALBUCHASSISTENT!

ZUGEGEBEN, DU BIST MEINE GROSSE SCHWESTER...
DAS HEISST NICHT, DASS DU MEIN BOSS BIST!
DU BIST NICHT AUF DER WELT, UM MICH HERUMZUKOMMANDIEREN!

NICHT?

KLEINER BRUDER, GEH IN DIE KÜCHE UND HOL MIR EIN GLAS WASSER...
WARUM SOLLTE ICH?
WEIL DU SONST WAS AUF DIE OHREN KRIEGST!

DAS IST BRÜDERLICHE NÖTIGUNG!

MEINST DU, ES MACHT MIR SPASS, DICH HERUMZUKOM-MANDIEREN?
GLAUBST DU, NUR WEIL ICH DEINE ÄLTERE SCHWESTER BIN, HAB ICH FREUDE DARAN, DICH ZU ÄRGERN?
GLAUBST DU WIRKLICH, ICH GENIESS DAS?
JA

WOHER WEISST DU DAS?

Jünger,
und
doch
weiser

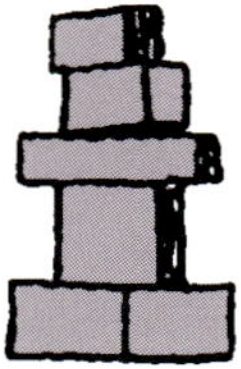

WAS WÜRDEST DU MACHEN, WENN ICH DAS UMSCHMEISSE?
IM MOMENT WAHRSCHEINLICH NICHTS...
...ABER IN EIN PAAR JAHREN, WENN DU UND DEIN MANN WOLLEN, DASS ICH FÜR EURE KREDITE BÜRGE, DANN WERDE ICH MICH WEIGERN!

JÜNGERE BRÜDER LERNEN SCHNELL

WENN DU SCHON NICHTS TUST...
...KÖNNTEST DU MIR WENIGSTENS EIN EIS HOLEN!

PFEFFERMINZ! NUR PFEFFERMINZ!
DANKE

DAS SCHMECKT NICHT WIE PFEFFER-MINZ...
WIR HABEN NUR VANILLE...

...ABER EIN GRÜNER FILZSTIFT KANN WAHRE WUNDER WIRKEN!

ALS SCHWESTER UND BRUDER SIND WIR FAST WIE EIN TEAM...
ICH BIN DIE MANAGERIN UND DU BIST DER NUTZLOSE SPIELER, DER IMMER AUF DER ERSATZBANK HERUMSITZT!

DAS WIRD EINE LANGE SAISON

Die Deutsche Bibliothek – CIP-Einheitsaufnahme
Ein Titeldatensatz für diese Publikation ist bei
Der Deutschen Bibliothek erhältlich.
ISBN 3-8315-0051-7

ISBN 3-8315-0051-7

Redaktion: Barbara van den Speulhof
Gestaltung: Jan Leuwer

Gesamtverzeichnis schickt gern: Baumhaus Medien AG,
Seelenberger Straße 4, 60489 Frankfurt
http://www.baumhaus-ag.de

5 4 3 2 1 01 02 03 04 05

PENG!!!
PENG!!!

PENG!!!
PENG
PENG!!!